ÉLOGE

DE LA VILLE DE DIEPPE.

ÉLOGE

DE LA VILLE

DE DIEPPE,

Fragment d'un Poème inédit

SUR

L'INDUSTRIE ET LE COMMERCE FRANÇAIS;

Où l'on voit quels furent les premiers travaux et les premières entreprises des Marins Dieppois, quelle somme de richesses ils apportèrent à leur pays, quel développement ils donnèrent au commerce extérieur, quel lustre en rejaillit sur Dieppe et sur la France entière, et combien la jalousie des peuples étrangers en fut excitée ;

Des détails curieux sur les Fêtes qu'un de ses habitans, second Médicis, donna au roi François Ier, et sur les Établissemens qu'il créa ;

Enfin, du récit du grand Bombardement de cette ville par les flottes combinées.

PRIX : **1** FR. **25** C.

A PARIS,

CHEZ LES MARCHANDS DE NOUVEAUTÉS;

ET A DIEPPE,

CHEZ TOUS LES LIBRAIRES.

1829.

PARIS. — IMPRIMERIE DE DONDEY-DUPRÉ,
Rue Saint-Louis, N° 46, au Marais.

ÉLOGE

DE LA VILLE DE DIEPPE,

TIRÉ D'UN POÈME INÉDIT

SUR L'INDUSTRIE ET LE COMMERCE FRANÇAIS.

———————

Dans le Poème *, Mercure, après avoir montré le Hâvre à plusieurs divinités de l'Olympe, porte leurs yeux sur la ville de Dieppe.

Regardez, leur dit-il, vous servant du pouvoir
Qui d'en haut vous permet d'embrasser, de tout voir ;
Cherchez aux mêmes bords ** la cité languissante,
Qui fut plus que le Hâvre autrefois florissante.
Envers elle peut-être un Roi *** fut-il ingrat,
Et son excuse seule est le bien de l'état.
Voyez Dieppe, long-tems le sceptre maritime
Est resté dans ses mains, et le Hâvre, j'estime,
Héritier aujourd'hui de ses gains fructueux,
D'atteindre à son passé se trouverait heureux.
  Près de l'Adriatique, ainsi que les Vénètes,
En de fangeux marais choisirent des retraites,

---

* Ce poème, en dix chants, intitulé *le Triomphe des arts, de l'Industrie et du Commerce français*, est descriptif et technique ; et il est enrichi de notes historiques, géographiques statistiques, trop longues et trop multipliées, pour que celles qui se rattachent à ce fragment puissent trouver place ici. Cet ouvrage sera mis incessamment sous presse.

** Les bords de la France.

*** François Ier, qui, adoptant les plans de Louis XII, fonda la ville du Hâvre.

Célèbres nautonniers, intrépides pêcheurs,
Les Dieppois, échappés au joug de durs seigneurs,
Aux bords où l'Océan reçoit les eaux de l'Arques,
Lieux qu'illustra depuis le meilleur des monarques,
D'argile, de roseaux formèrent quelques toits,
Et sur tout l'élément établirent leurs droits.
Là, bientôt les produits de leurs courses premières,
En ville magnifique ont changé des chaumières,
Et ce coin de la France, un long tems ignoré,
Vers lui vit de tous points le commerce attiré.

Mais tel Clio décrit les empires du monde,
Du destin subissant la volonté profonde,
Et partageant le sort des plus simples mortels,
Que frappe la rigueur des décrets éternels,
Après être montés jusques à l'apogée,
Forcés de supporter leur fortune changée,
En de cruels débats, en d'éclatans revers,
Solennelles leçons instruisant l'univers,
De même on a vu Dieppe, au plus haut de sa gloire,
Tomber et n'avoir plus qu'une illustre mémoire.

Son sort aventureux ne peut qu'être admiré,
Et l'intérêt du Ciel sans doute est demeuré.
Aux merveilleux travaux par son zèle entrepris,
Pour ravir le commerce aux deux mondes surpris,
A sa fière valeur dans une longue lutte,
A sa dignité noble au moment de sa chute.

De ses exploits fameux l'histoire est incroyable,
Pour qui ne connaît point l'effort dont est capable
L'homme qui veut du globe enfin tout découvrir,
Dominer sur les mers, et surtout s'enrichir.

La pêche, art qu'aux mortels sut montrer Amphitrite,
Au Dieppois a donné la richesse subite.
Jusqu'au pôle étendant ses habiles filets,
Il rapportait chez lui, bravant de longs trajets,
Le fruit surabondant qu'une ardeur téméraire
Lui faisait recueillir à la borne dernière.
Tels sont, vous le savez, la cause, le moteur,
De la vaste puissance, et de cette splendeur
Qui, d'une ville à peine achevant ses murailles,
Armait plus d'une flotte et donnait des batailles.

De l'onde ayant reçu la rétribution,
Ses marchands, possesseurs d'un utile poisson,
De cette nourriture, au Levant peu commune,
Tiraient un grand profit et doublaient leur fortune.
D'une orageuse mer, deux fois chaque printems,
Leurs vaisseaux atteignaient aux points les plus distans
Pour se charger deux fois de suaves épices,
De l'aurore embaumée agréables prémices,
Dons généreux et purs que répand le soleil
Quand il lance les feux de son brillant réveil;
Puis, ces vaisseaux légers, en déployant leurs ailes,
Couraient chercher ailleurs des conquêtes nouvelles.

Noble rival de l'or, le saffran, tendre fleur
Au plus puissant parfum, à la vive couleur,
Le gingembre piquant, l'essence de la rose,
De l'Hymette où l'abeille, en une feuille éclose,
Trouve un trésor si doux, balsamique butin,
Le miel, qui des pasteurs compose le festin,
Et la cire qu'on brûle aux demeures divines;
Tant de plantes, de fruits, qu'au milieu des ruines

Les dieux, dans l'Orient, ont semés de leurs mains,
Pour adoucir les maux des trop faibles humains ;
La figue de Jaffa, l'orange savoureuse,
De l'arbre du désert la datte généreuse,
Et le suc enivrant des pavots exprimé,
Filtre mystérieux par les songes formé,
Aux cruels Osmanlis qui donne le courage ;
Allége des Rajas les fers et l'esclavage,
Fait un esprit tranquille, ou le fait délirant,
Et met un terme aux pleurs du malade souffrant ;
Et tant d'objets divers, de ressource infinie,
Qui, sous des noms obscurs mais chers à l'industrie,
Des arts font l'aliment et la célébrité,
Contentent tous les goûts et rendent la santé ;
Voilà ce qu'un Dieppois rapportait à la France
Des lieux où chaque jour le soleil prend naissance.
  Mais cet appât du gain, là ne pouvait finir,
Chez des hommes sans cesse ardens à s'enrichir.
  Sachant braver les feux que lance le Tropique,
Explorant les replis des côtes de l'Afrique,
Quelques Dieppois, poussés d'un curieux désir,
Parvenaient aux climats où, dit-on, fut Ophir,
Quand d'autres, naviguant loin des régions chaudes,
Dans un pays glacé cherchaient les Antipodes ;
Et quand de plus heureux, s'enfonçant au Brésil,
D'une rivière d'or suivaient gaîment le fil.
Ainsi, l'un maîtrisait la Méditerranée,
L'autre allait ramasser la poudre de Guinée,
Ou chez l'Américain, dans la sombre forêt,
Acheter l'orignal qu'un Huron lui livrait ;

Ou, s'avançant bientôt dans l'Atlantique immense,
Montrer à l'Amazone un pavillon de France.

Tant d'efforts soutenus, tant d'utiles travaux
Firent de ces marchands des potentats nouveaux,
Et l'onde subjuguée en ses contours si larges,
Des Dieppois armateurs ne vit plus que les barges.
Trop fréquemment, dit-on, dans l'intérêt privé,
Ils brandirent de Mars le glaive soulevé;
Mais aussi, pour servir, défendre la patrie,
De la guerre ils ont su repousser la furie,
Et sous leurs coups certains l'orgueil du Hollandais,
Du terrible Espagnol, et du perfide Anglais,
Apprit, humilié, dans plus d'une rencontre,
Comme au champ de l'honneur la vaillance se montre,
Alors que, pour son roi, méprisant le trépas,
Du fidèle Français veut s'agiter le bras.

Mais qu'ils ont payé cher ces succès de leurs armes!
L'éclat de leurs exploits s'est éteint dans les larmes!
Dirigés par la haine et par l'esprit jaloux,
D'affronts trop répétés voulant se venger tous,
Sous un commun drapeau les rivaux de la France,
Que de Dieppe offusquait la superbe opulence,
Dans l'ombre de la nuit s'approchant de son port,
Y font voler soudain le carnage et la mort.
De cent mâts destructeurs, l'attaque formidable
Présente des volcans l'aspect épouvantable;
Dans les airs sillonnés par des courbes de feu,
Que décrit des mortiers le continuel jeu;
En éclatant partout, la bombe meurtrière
Unit à l'incendie un trépas sanguinaire,

Et de cette cité les murs, en s'écroulant,
Couvrent de leurs débris l'espoir du commerçant !
De vaisseaux si fameux aux quatre coins du globe,
A la brûlante flamme aucun ne se dérobe,
Et de tous les pays, Dieppe, le magasin,
N'a plus que la misère et le vide en son sein !
De son lustre passé, qu'enviait tout le monde,
Ne conservant, hélas ! qu'une douleur profonde,
Le souvenir affreux d'une lâche fureur,
Le besoin du travail, le courage et l'honneur !
Depuis, par ces revers, sans se laisser abattre,
Contre l'adversité toujours prêts à combattre,
Ses enfans ont voulu, mais ce ne fut qu'en vain,
Rappeler les beaux jours de son premier destin :
Chaque ville, en un tems, doit briller sur la terre,
Et pour Dieppe avait fui cette phase prospère.
  Mercure ajoute encore à ce tableau touchant
D'autres glorieux faits le récit attachant ;
Et désirant montrer, par un célèbre exemple,
Par de rares succès, que même un dieu contemple,
Ce que peut le négoce en ses grands résultats,
Comment il enrichit les villes, les états,
Et des particuliers comme il fait la fortune
Quand ils suivent les loix que leur dicte Neptune ;
Il dit ; Dieppe a compté, dans ses murs étendus,
Plus d'un riche habitant qu'eût jalousé Crésus.
Entre ses citoyens, tous comblés de richesses,
D'Ango * se distingua par ses nobles largesses,

---

* D'Ango, qui d'abord se nommait Ango, mais qui prit la particule
lorsque François Ier l'eut nommé commandant du château de Dieppe, était

Et par l'insigne honneur de voir son souverain
Prendre place à sa table et lui donner la main.

Rival des Médicis, bienfaiteurs de Florence,
Aux beaux arts consacrant sa prodigue opulence,
Il décora sa ville en fondant un palais,
Dont les lambris dorés, de ses rares succès
A toute la Neustrie attestaient la constance,
Et dont l'immensité, la solide élégance,
De ses hardis calculs perpétuels témoins,
Révélaient chaque jour tous ses pénibles soins,
Et disaient aux Dieppois qu'une intrépide course
Des trésors les plus grands peut devenir la source.

Près de là, sous le nom de champêtre manoir,
Et d'Uranie encore empruntant le pouvoir,
Il s'était consacré, dans un réduit tranquille,
Un séjour enchanteur, où d'un artiste habile
Le génie inventif avait su réunir
Tout ce qui peut flatter, ce qui peut éblouir.
Délicieux contraste, où l'agreste nature
De ce toit rehaussait la superbe structure,
Et par qui l'œil charmé joignait en même tems
Un pompeux édifice, au doux aspect des champs.

Alors, les heureux fils de la belle Italie,
Éclairés d'un savoir que la France polie
Par le zèle entraînant de son illustre roi,
De suivre, d'imiter se faisait une loi,

un armateur né de parens obscurs. Sa fortune fut immense, ses fondations pieuses et charitables, nombreuses et bien conçues; mais il éprouva des revers, et, comme cela devait être, il eut à subir toute l'ingratitude de quelques-uns de ses concitoyens.

Du véritable goût répandant les principes,
Des chefs-d'œuvre passés reproduisaient les types,
Et de Brunelleschi les disciples nombreux,
Dans la Gaule appelés, dressaient des murs fameux.
    François, qui du dessin et de l'architecture
Prétendait ramener l'époque la plus pure,
N'avait pas, sans orgueil, vu qu'un de ses sujets
Fît servir ses trésors à de si beaux projets ;
Et pensant qu'il devait, pour juste récompense,
Honorer sa maison d'une noble présence,
Il cingla vers sa rive et le surprit un jour
S'y faisant précéder d'une joyeuse cour.
    Du commerçant dieppois la royale visite
Fit éclater partout l'or, fruit de son mérite,
Et ce qu'un grand négoce avait accumulé
De curieux objets, sous son toit signalé.
    Déployant de ces jours le faste et l'industrie,
Il changea son manoir en temple de féerie,
Où des différens points dont le globe est formé
Il offrit l'assemblage, en un point renfermé.
A côté des tissus trempés de l'eau du Gange,
Il plaça du Cacique une parure étrange ;
De l'enfant du Niger la lance, le carquois,
Et de l'Européen, qui des arts suit les lois,
Tout ce que le génie et tout ce que l'adresse
Avaient imaginé pour plaire à la richesse.
    Les somptueux tapis, où le métier flamand,
D'une toison formait un ciel, un monument,
Des bosquets et des prés, ravissantes campagnes,
Où la tendre bergère, au sein de ses compagnes,

Se montrait, folâtrant, sans peines, sans soucis,
Devant d'heureux bergers sur la fougère assis,
Beau travail de l'aiguille, admirable peinture,
Où le Belge savant imitait la nature,
Sont partout déroulés, et le roi sous ses pas
Foule des champs fleuris, ou foule des appas.
  En onduleux festons, symboles de la joie,
S'étalent les présens obtenus de la soie ;
Le flexible lampas et le brillant satin,
Que livraient au commerce et Florence et Turin,
Étoffes surpassant tout ce qu'en l'origine,
Au luxe fournissaient les métiers de la Chine ;
Et le riche brocart, la moire, le velours
Que les Napolitains ont fabriqué toujours ;
Et du lin les produits, ornemens de la table,
Où déjà le Français, émule redoutable,
L'emportant sur l'effort du Suisse, du Germain,
Annonçait le bon goût qui dirigeait sa main ;
Et l'œuvre d'Arachné, ces légères dentelles
Qu'Argentan, Dieppe aussi, dans des modes nouvelles,
Adressaient chaque année aux peuples différens,
Tous jaloux de porter des réseaux si charmans ;
Telle fut la splendeur que le chef de la France
Vit d'Ango déployer pour fêter sa présence ;
Et ce n'était pourtant que moitié du trésor,
Qui d'un vaste trafic manifestait l'essor.
De ce divin manoir on voyait les murailles
Se couvrir à la fois de chasses, de batailles,
Des vagues de la mer, du spectacle des champs,
Ou des jeux de l'amour, et badins et galans,

Dans cent tableaux sortis de l'art si difficile
De placer sur la toile et la couleur et l'huile,
Et d'y fixer toujours les beautés du pinceau,
Qu'avant mouillaient la gomme et quelques gouttes d'eau.
De Venise, près d'eux, resplendissait la glace
Dont la cire embrâsée éclairait la surface,
Qui réflétait cent fois le gracieux dessin
Tracé sur la crépine inventée à Louvain,
Et le vif outremer, et la riche dorure
De célestes plafonds, magnifique parure.

Les yeux avec surprise y remarquaient encor
Des meubles, des bijoux plus précieux que l'or;
Du ciseau, du burin la merveille et la gloire,
Ouvrages délicats, tous sortis de l'ivoire,
Que des vaisseaux chargés sur les bords africains,
Dans Dieppe rapportaient à de légères mains,
Dont la dextérité, la patience habile,
Semblaient changer cet os en substance ductile.
L'ébène, de son bois artistement sculpté,
Y plaçait d'un beau noir un filon incrusté,
Et l'argent et la nacre ornant ces deux matières,
S'y disputaient entr'eux quelques places premières.
Des vases du Japon l'argile transparent,
Que d'un faisceau de fleurs couvrait l'émail luisant,
De l'ambre, de la myrrhe exhalaient la fumée,
Et rendaient du Dieppois la maison embaumée.

Mais des gains du négoce, ô prodige fameux!
Les lingots du Mexique, en des vases nombreux,
Forgés sous un marteau guidé par l'opulence,
Surchargeaient des buffets la profondeur immense!

Des coupes de porphyre et de brillant lapis,
Dont l'excellent travail doublait le rare prix,
D'une douce liqueur, abondans réceptacles,
En versant le nectar achevaient ces miracles ;
Tandis que d'instrumens le son vif, argentin,
Par des accords flatteurs égayait le festin ;
Et que la volupté des chants et de la danse
De plaisir enivrait le maître de la France.
Là, ne finirent point les surprises, les jeux ;
Empruntant les moyens d'un art ingénieux,
Par les ressorts secrets du pouvoir mécanique,
D'Ango voulut donner une scène magique.
Soudain, les murs ouverts, offrant en son château
D'êtres surnaturels le spectacle nouveau,
Chacun, tout étonné d'une telle aventure,
Crut que, dans ce moment, les cieux et la nature
Bouleversaient et l'ordre et la commune loi,
Pour célébrer au mieux la visite d'un roi.

Non, dit Mercure, non, du Pactole les sables
N'avaient jamais produit ces pompes admirables,
Jamais luxe pareil n'éblouit les regards,
Jamais ne brilla plus la puissance des arts ;
Et Lucullus jadis, dans Rome émerveillée,
Ne montra pas autant de grandeur étalée !
Ressources du trafic ! de même, un siècle avant,
Jacques le financier, dans Bourges renaissant,
De ses mille facteurs recevant la fortune,
Rendait son opulence aux jaloux importune,
Bien que de son épargne il eût sauvé l'état
Et couvert son pays du plus heureux éclat.

On dit que le Dieppois, au milieu de ces fêtes,
Reçut le plus beau prix de ses riches conquêtes.
De la Lusitanie un modeste envoyé,
D'un appareil terrible, au Tage déployé,
Par d'Ango, qui voulant se venger d'une offense
Faite du même coup, à lui comme à la France,
Avec vingt mâts puissans, dirigés sur Lisbonne,
De cet état semblait attaquer la couronne ;
Craignant l'effet certain, et plus prompt que l'éclair,
D'un trop juste courroux prêt à tirer le fer,
Vint au nom de son maître, humble et demandant grâce,
Supplier que d'Ango fît cesser sa menace,
Et pour son pavillon qu'on avait outragé,
Offrir pleine franchise, après l'avoir vengé.
Trait de digne remarque, et qui soudain réveille
L'acte d'un citoyen dont s'honore Marseille,
Qui du roi des Anglais fier de porter le nom,
Pour les droits de son prince et de sa nation,
Arma ses bâtimens et déclara la guerre
A Georges, selon lui, son rival et son frère.
On dit, noble concours ! qu'en vrai modérateur,
François, chez le Dieppois, se fit médiateur,
Et que de ce débat étouffant la semence,
Entre les deux partis il signa l'alliance.
Qu'ils se taisent, enfin, ces hommes insensés,
Qui devant le commerce, inquiets, courroucés,
N'y trouvent qu'ennemis du trône et de la gloire.
De l'immortel Laurent on garde la mémoire,
De ses généreux fils chacun est respecté,
Et des appuis des arts, si le nombre est compté,

Si l'on veut s'assurer de leur brillante liste,
C'est au palais Pitti que l'on voit qu'elle existe.

Qu'ils se taisent, enfin, ces sombres détracteurs
Qui, dans tout libre essor ne voyant que malheurs,
Accusent chaque jour la fertile industrie,
De chercher à trahir le prince et la patrie !
Qu'ils ne s'abusent plus, et de leurs préjugés,
Par un sage examen, promptement dégagés,
Ils pourront dissiper tant de craintes fatales,
Du négoce fidèle en ouvrant les annales.

De Cadix empressé, cent fois l'argent offert,
A des plus grands périls mit le trône à couvert ;
Londre à ses souverains témoignant sa tendresse,
Montra la même ardeur à finir leur détresse.
Souvent les ports français, fiers de leurs commerçans,
Au monarque ont donné des vaisseaux triomphans ;
Et lorsque tout à coup un furieux délire,
De la raison, des lois vint dissoudre l'empire,
Lyon, s'armant bientôt contre ses oppresseurs,
Dans tous ses habitans trouva des défenseurs ;
Mais le crime plus fort que leurs vaillantes armes,
Arrosa son enceinte et de sang et de larmes !
Et dans des jours récens, dans ces jours si chéris,
Où des biens de la paix connaissant tout le prix,
Un peuple, ivre de joie, en voyant apparaître
L'indulgent héritier du plus malheureux maître,
Fit entendre le cri, le vœu national,
N'est-ce point de Bordeaux qu'en partit le signal ?

Oui, des gouvernemens telles sont les colonnes :
Qui sauve les états ? qui soutient les couronnes ?

Dandolo de Venise affermit le pouvoir ;
De Gênes, Doria se rend l'unique espoir ;
Un marchand satisfait les soldats d'Henri quatre ;
Louis, chez Samuel, trouve l'or pour combattre ;
Les Stuarts fugitifs reçoivent dans Anvers
Des secours prodigués à leurs cruels revers,
Et, dans ces tems derniers, sur les monts helvétiques,
Portalès, répandant ses bienfaits magnifiques,
De débats intestins adoucissait les maux,
Qu'à ses frères causaient des systèmes nouveaux !
Belle réponse aux traits de cette calomnie,
Qui repousse, à la fois, le travail, le génie,
Qui dans tout être actif voit un conspirateur,
Et qui, funeste effet d'une folle vapeur,
Voudrait, réalisant un songe atrabilaire,
Que la société devînt stationnaire.
S'il fut des commerçans aveuglés par l'orgueil,
Des révolutions qui bravèrent l'écueil,
Et croyant, à l'abri d'une immense richesse,
S'être arrogé le droit de remuer sans cesse
Les peuples étrangers à leur ambition ;
Aujourd'hui le bon sens, chez chaque nation,
Réduit leurs faux calculs à la triste impuissance,
En leur indiquant mieux l'emploi de l'opulence.
Mais le commerce, enfin, doit-il être proscrit,
Pour une tête altière et que l'erreur conduit ?
Non, il est de l'état la seconde mamelle,
Et l'état périrait si rien ne coulait d'elle.

   Cependant, dit le Dieu, trop distrait narrateur,
J'allais oublier Dieppe et sa vieille splendeur.

Le Hâvre, son rival, emporte la balance,
Chez l'un l'éclat finit, et chez l'autre il commence.
Mais si Dieppe a perdu son lustre merveilleux,
Il conserve du moins un trésor précieux ;
Le respect, l'amitié pour ses rois, pour ses princes,
Le distingue parmi les fidèles provinces ;
Et ses vœux, chaque année, à l'envi saluant,
La mère d'où sortit le plus illustre enfant ;
Lui disent, dans le feu dont la vive ardeur brille,
Que les bras et les cœurs sont tous à sa famille.
Ah ! lorsque Caroline, aux parages normands,
Vient chercher la santé dans les flots frémissans,
Fières de recevoir un si flatteur hommage,
Puissent, pour la servir, les nymphes du rivage,
Chez le dieu d'Epidaure emprunter des secours,
Et d'une autre d'Albret éterniser les jours !
Le commerce doit tout à la munificence
Des généreux Bourbons qui gouvernent la France,
Il ne peut espérer que des bienfaits nouveaux
Du fils que désirait et qu'adopta Bordeaux.

FIN.